Shayariel (Hrsg.)

Selenensinfonien

Shayariel (Hrsg.)
Stefanie Mallepreé
Tabitha Junge-Liebl
Wibke Pfannmöller
Leana Müller

Selenensinfonien

Lyrik

Bibliografische Information der Deutschen Nationalbibliothek:
Die Deutsche Nationalbibliothek verzeichnet diese Publikation in der Deutschen
Nationalbibliografie; detaillierte bibliografische Daten sind im Internet über
http://dnb.dnb.de abrufbar.

1. Auflage 2020

© Shayariel (Hrsg.), 2020
weitere Autorinnen:
Stefanie Mallepreé, Tabitha Junge-Liebl, Wibke Pfannmöller, Leana Müller
www.shayariel.com
Herstellung und Verlag: BoD – Books on Demand, Norderstedt

Illustration: Mia Steingräber - zeichenblog.mia-steingraeber.de -

ISBN: 978-3-751-93020-8

Bereits 2009 war die Veröffentlichung der *Selenensinfonien* geplant, doch die Lebenswege der Künstlerinnen nahmen unerwartet andere Richtungen. Viele Jahre waren für sie ganz andere Herausforderungen als das Schreiben Zentrum ihres Lebens.

2020, das Jahr, das für alle Menschen weltweit Vieles des Gewohnten und Bekannten veränderte, lud dazu ein, auch einmal ruhende Kreativprojekte erneut zu betrachten und gegebenenfalls für immer zu verabschieden.
Die *Selenensinfonien* zählten ganz klar nicht zu den Abschiedsprojekten – im Gegenteil.

Die Herausgeberin nahm Kontakt auf zu den Autorinnen und fragte nach, was sie davon hielten, wenn das literarische Vorhaben zu neuem Leben erweckt würde.
Überrascht, ja, das waren sie durchaus, doch war auch die Lust geweckt, einen Blick in die Vergangenheit zu werfen und mit den damaligen poetischen Ideen zu arbeiten: zu sichten, zu lichten, Neues zu entfalten.

Hinzu gesellte sich noch eine Illustratorin, die das Außen und das Innen des Lyrikbandes verschönerte.

Und nun ist es bereit, unser Werk, die Öffentlichkeit zu atmen.

SELENE

Du, Selene
Göttin des Mondeslichts
bist die, die hell leuchtet
und doch am Schmerz zerbricht

Denn als deine Lieben ertranken im Nebel
da nahmst du dir aus Verzweiflung dein Leben

Und immer wenn du dich an Eos, Helios und Theia erinnerst
erscheint seit jeher dein silbriger Schimmer

Du, Selene
auch Hüterin der Fruchtbarkeit
du bist die, die Leben bringt
und doch ewig vor Schmerzen weint

verfasst von: **LEANA**

SHAYARIEL

La lune

in den unendlichen weiten des meeres
mit seiner weißschäumenden gischt

in der ewigen endlichkeit der seen
mit ihren unermesslichen tiefen
spiegelt sich
la lune

weit
so weit entfernt
und doch so nah
an unserem firmament
im endlosen meer der sterne
derer so unzählig viele sind
so weit und doch so nah

la lune
du schwester der erde
regentin des wassers
und des zyklischen blutes
das durch unsere körper strömt

stets präsent
und manchmal unsichtbar
bestimmst du die masse der menschen
und ihre gefühle

bestimmst du die gezeiten
das kommen und gehen
der ozeane

die geweinten
und die ungeweinten
tränen
der freude und
auch des kummers

la lune
so weit entfernt
und doch so nah
spiegelst du das licht
der sonne
in unseren seelen

Sternengesänge

Ich sah ihn kommen
vom Himmel fiel er herab
zuerst ein ferner Lichterglanz
kam er uns immer näher

Sein Leuchten war allmächtig
vom Feuerschein getrieben
ein Schweif begleitete
sein lichtvolles Treiben

Was waren sie aufgeregt!
ein Meteor! riefen sie
er stürzt genau auf uns zu
wird alles vernichten

Ja, er war riesig
unfassbar groß und hell
sauste auf uns zu
atemberaubend schnell

Werde es wohl nie vergessen
seinen Lichterzauber
und seinen Gesang
auf ewig eingebrannt in meine Seele

Bubulus meets Panthera

Wenn sich dereinst
im Donnerschatten
die Welten des Ostens und Westens
wieder vereinen.

Wenn dereinst
die Sternschnuppen
der nördlichen und südlichen Gefilde
vom Himmel regnen.

Wenn dereinst
die Doppelsonnen
aller Horizontalen und Vertikalen
in allen Winkeln des Alls erstrahlen.

Wenn sich dereinst
die Monde aller Monde
über die diagonale Unendlichkeit
der Dimensionen erheben.

Dann wird der Bubulus arnee
auf dem Rücken des Panthera tigris
im endlosen Kosmos reiten
und ihr gemeinsames Licht
in alle Galaxien verbreiten.

Capra ibex tigris
(für einen unbekannten freund)

aus luftigen höhen blickst du hinab
ins tal kummervoller hoffnungslosigkeiten
deine verborgenen tränen
zerschmelzen das gestein

grollend erhebt sich deine tiefe stimme
und legt ein blutend' tuch
hauchfein gewebt
wohlklingend über dein tränental

ist es mitleid oder ekel?
du weißt es nicht genau

doch hältst du dich lieber fern des pöbels
wohl aber nimmst du dir den applaus
der dir stets gewiss,
dir und deinesgleichen

traurig, nein, zornig
und manchmal hymnenvoll
erklingen deine schrillen lieder
verglüht im kontrollierten feuer
für sekunden
oder stunden
die eiskralle deiner tieftraurigkeit,
die dein flammend' herz umgürtet,
welches du wohl verbirgst vor den anderen

ich kann es sehen
fühle deinen wunden schmerz
deiner trockenen tränen zorn
möchte sie berühren
deine seele
und dir sagen –
lass' sie gehen
deine tränen, deinen zorn

doch du bist so fern
du kennst mich nicht
und obwohl du immer noch suchst
findest du mich nicht

wirst bald schon mich
gefunden haben
und was dereinst zwei war
ist dann eines wieder
kehrt gemeinsam heim sodann

zurück ins licht
und schenkt der welt
ein strahlendes
ein klangvolles
ein überirdisches
lächeln

frei von fesseln
des schmerzes, der tränen
rein und klar und hell
und der tiefe, friedliche
wohlklang deiner stimme
legt sich fortan
regenbogenschillernd
wie heilender balsam
auch auf ihre wunden.

Verloren im Licht

Gerne würde sie die Last verlieren
reiten auf den weißen Flügeln
urbaner Selbstgerechtigkeit

Doch schon flaggt ihr Seelenschiff
läuft aus in die uferlosen Meere
kein Halten mehr
und die Wogen brechen sich
wohin?

Den Blick in die endlosen Weiten gerichtet
der Kompass peilt
hilflos und ohne Richtung
das Gehölz ächzt schwer
unter des Wassers Lasten
sie atmet Salz

Gerne würde sie die Last verlieren
reiten auf den weißen Flügeln
urbaner Selbstgerechtigkeit

Ihr Leben scheint verloren
im wässrigen Nebel des Lebensstrudels
gepeitscht
gepeinigt
wozu?

Den Blick ins dunkle Licht gerichtet
ertasten ihre Sinne
tonlose Leere und sternkaltes Schweigen
ihr Körper bebt
ob der irdischen Lasten
sie atmet Staub

Gerne würde sie die Last verlieren
reiten auf den weißen Flügeln
urbaner Selbstgerechtigkeit

Verblichene Lieder wollen sie erdrücken
lichtloser Wanderer im All
sie wird ihn finden
wird ihn zu sich holen
woher?

Messerscharf wie Dolche
durchbohren seine Worte ihre Welten
lassen ihr Herz gefrieren
stumm irrt sie im Licht verloren
atemlos

Maya

An den Gateways zu Übermorgen
  stand ich verloren zwischen Zeit und Raum
  ich weiß, mein Leben ist wohl nur geborgt
  was ich zu wissen glaubte, nur ein Traum

    Gestern ist heute und heute ist leer
      Leere der Raum zwischen Ein und Aus-
      Atmen – doch was ist der Tod?

      Morgen war Gestern und ist jetzt nicht mehr
      Meer der Träume des Hinein, des Hinaus
      Himmel und Hölle – doch wo wohnt Gott?

    Verlassene Startbahn ins glückselige Nichts
    Werd' ich wohl morgen erbleichend betreten
    haben – oder ist's eine Rückkehr
    ins ferne Licht?

  Möge die Ewigkeit
  für uns allzeit drum beten

Maya – The Song

Standing at the gateway of overmorrow
I feel lost

lost in space and time
knowing my life
was only borrowed

what I thought to know
was never mine
was only a dream

Yesterday's now
and now is no more
tomorrow was then

Lost runway to blissful none
soon to be I'll set my foot on

My own still and pale leave
is my way back
into the light

May sacred eternity
Pray for me
being free

Yesterday's now
and now is no more
tomorrow was then

Lost runway to blissful none
soon to be I'll set my foot on

Illusionen

Was hab ich euch geliebt,
ihr Nullsummenbilder verblassender Tage.
War so froh, dass es euch gibt.
euch blanke Knochen, an denen ich nagte.

Verzehrte mich in Leidenschaften,
nach Träumen bar jeder Realität.
Blieb ich an ihnen klebrig haften,
saugte, bis es nicht mehr geht.

Kein Arzt kam, mich zu heilen.
Hätte eh nicht auf ihn gehört.
Wollte lieber durstig bleiben,
gierig nach allem, was mich verstört.

Hab mich besoffen an diesen Bildern,
ließ mein Innerstes stillos verwildern.
Ertrunken in staubigen Trugessäften,
verließen sie mich bald, meine Seelenkräfte.

Plötzlich bin ich aufgewacht,
und weinte noch eine stille Träne.
Beinahe hätte sie mich umgebracht,
die Unrealität, in der ich mich wohlig wähnte.

Und nun sitze ich hier, allein,
fühl mich leer und hoffnungslos.
Starre die traumleeren Rahmen an.

Kein Leben will mehr in mir sein,
die Trauer ums Nichts ist riesengroß.
Weiß nicht mal, ob ich sterben kann.

Wie sehr hab ich euch geliebt,
ihr luftschlössrigen Bilder verblassender Tage.
War so unendlich froh, dass es euch gibt,
ihr blanken Knochen –
soll ich nicht doch lieber weiter nagen?

Impatiens

Unerwartet
wie von Sinnen
packt sie mich
beißt sie mich
zerreißt sie mich
zerfrisst sie mich
zerkaut sie mich

ich werde heiß
bin nicht mehr kühl
und ich weiß
ich will grimmig schüren
kochen vor eiskaltem Zorn
mich selbst verletzen
mit meinem inneren Dorn

Unwirsch schwinde ich dahin
mein Handeln macht so gar keinen Sinn
schreie die Toren in finstere Länder
durchschreite die Tore
und renn' vor die Wände
stolpere über meiner Füße Angeln
versuche mich an mir selbst hochzuhangeln

richte mich mühselig wieder auf
klammere mich am Irren fest
Sie nimmt ihren Amoklauf
und gibt mir den letzten Rest

Erschöpft sinke ich alsdann hernieder
blanker Hohn summt stumme Lieder
ich fühle Leid
und Schmerz
und Pein
und weiß
nichts wird mehr wie vorher sein

Traurig schaue ich nun
auf unwirkliche Ruinen kaltschweißen Seins
weine uralte, blasse Tränen
ohne Warum und ohne Weil

Dann blicke ich sachte auf die innere Uhr
still zucken Schultern und die Lider
und ich weiß –
für mich gibt es niemals Ruhe
denn es geht immer weiter
wieder und wieder und wieder.

Ich? Du?

Wer bist du?
Wo bist du?
Wohin des Weges?
Weilst du auch mit Gottes Segen?

Ja, lach du nur
in deinem Sündenpfuhl
bin ich mutig dort herausgekrochen
hab mir den Dolch ins Herz gestochen

recht tief hinein
eine saubere blutige Wunde
wundtriefendes Sein
tropft rot das Blut, Stunde um Stunde

Wollt doch nur das Leben finden
vom süßen Wein der Liebe trinken
wurde indes aller Hoffnung beraubt
hat's Leben selbst mir jeden Sinn geklaut

fand ich dich
so dachte ich
doch öffneten sich die Augen mir
denn fand ich nur mich selbst in dir

Liebe

die liebe, sie tafelt so gerne allein
hält sich fern der rüden wasser
taucht tief ihren löffel in unser sein
und löffelt genüsslich das heiße nasse

setzt sich die rosa sonnenbrille auf
und schlürft als nachtisch piña colada
amüsiert sich köstlich über unseren rausch
der gefühle und hernach den üblichen kater

rausch der sinne, die liebe lacht,
wenn sie besoffen in unser leben kracht
mit salzigen küssen unser leben versaut
und gleich danach in den teich uns haut

kehrt uns die kalte schulter zu
verklebt unsere augen mit mixgetränk
spielt mit uns dauernd blinde kuh
und wir empfinden's auch noch als geschenk

die liebe ist eine süße hure
küsst uns nur, wenn sie es will
ihr preis ist hoch, da ist sie stur
und zahlst du nicht, hält sie sich still
und raus aus deinem leben

Liebeslied

lass uns an unsren schultern weinen
zu grabe tragen unser leid
auch wenn wir selber immer meinen
wir leben für alle ewigkeit

scheint die liebe auch noch so fern
ist sie in wahrheit doch so nah
willst nur ihre lieder nicht schallen hörn
wirst ihres seins so nicht gewahr

komm, knüpf mit mir deine liebesbande
hebe den kelch und stoß mit mir an
du musst sie nicht suchen weit außer lande
sie ist in dir, recht tief vergraben

dein lächeln ist traurig und auch so weise
deine tränen sind stumm und feinfühlig leise
sie perlen aus deinen verlorenen augen
ich weiß, du willst mir einfach nicht glauben

lass uns zum himmel klagen unseren schmerz
den wir uns doch nur selbst gemacht
komm, fasse dir dein mutiges herz
und sieh nur, wie die sonne lacht

scheint die jugend auch noch so verloren
ist sie in wahrheit doch so nah
ist wie die liebe in dir geboren
bist ihres seins nur nicht gewahr

komm, stimme lauthals mit mir an
den ewigen kanon reudiger lust
ertrinken wir wie frau und mann
durchschwimmen gemeinsam den lebensfluss

dein lächeln bleibt traurig und doch so weise
deine tränen sind immer noch stumm und leise
perlen sie aus deinen verlorenen augen
ich weiß, du willst mir selbst jetzt noch nicht glauben

ich kann nichts mehr tun, als dir zu sagen
lausche auf das liebeslied in dir
ach, hör schon auf, stell keine fragen
leb oder stirb, gleich jetzt und hier

Hafen des Überflusses

Sag mir, wohin soll ich eilen,
um in deinen Armen zu weilen?
Werde ich dich jemals finden,
ohne im Nebel dahin zu schwinden?
Deine Liebe ist größer als das Licht
es zu suchen, lohnt es sich?

Sie sagen,
stell keine Fragen
folge dem weiten Stern
Er wird's dir nicht verwehr'n

Sag mir, wo ist dieser Hafen?
Oder willst du mich der Lüge strafen?
Werde ich ihn jemals denn erreichen?
Kann ich aufhör'n, blind durch die Welt zu streifen?
Seine Liebe ist die größte Macht,
die über uns alle ohne Ausnahme wacht?

Sie sagen,
stell keine Fragen
folge dem weiten Stern
Er wird's dir nicht verwehr'n

So peile ich denn
rastlos
verloren
sinnlos
verschworen
ohne jedes Wenn
und ohne jedes Aber
hoffnungslos
lichtlos
und ohne jeden Ton
ins (N)Irgendwo.

Abgrund

Schaue hinab
Sehe die Tiefe,
die mich schmerzt.

Sie berührt mein Herz,
ich weiß nicht warum,
und ruft mich.

Ich will ihm folgen,
dem Ruf,
und lasse los.

Lasse mich einfach fallen.
Stürze tief
in schwarze Finsternis.

Weit geöffneter Schlund.
Er umfängt mich weich.
Ich trudele ins Nirgendwo.

Wundere mich,
wie ich so atemberaubend
niedersause.

Mich dabei
um mich selbst drehe,
mich überschlage.

Warte
auf den dumpfen Aufschlag,
der nicht kommen will.

Und doch kommt er
unaufhaltsam.
Irgendwann.

Es ist ein Engel,
der mich auffängt.
Schwarz sind seine Flügel.
Seine Augen
tieftraurig und dunkel.

Milde lächelnd
trägt er mich.
Hinfort.
Zu anderen Ufern.

Gedankentaumeln.
Wirre Gefühle.
Dann Erstaunen.

Oben stehe ich.
Am Abgrund.

Schaue hinab
in die Tiefe,
die mich schmerzt.

Zeit

Schwer gezeichnet von ihrem Alter
kommt sie gebeugt daher,
krümmt sich in die Ewigkeit,
belichtet die Unendlichkeit

Verwundert sich der hastigen Toren,
die hetzend sich im All verloren,
sich schnaufend durch den Kosmos winden,
ohne je wirklich ihren Sinn zu finden

Kaum geboren, beginnt schon ihr Rennen
von Ort zu Ort, ohne je wirklich zu erkennen,
wie überaus nutzlos ihr gedankenlos' Tun,
wie schädlich für sich selbst ihr rastloses Ruh'n

Weise
durch die zeitlose Reise
der Äonen
vereinigt in Liebe
mit grausamen Dämonen
schüttelt sie mit Gefühl ihr Haupt
und lässt uns alle wissen,
auch wenn's ihr keiner glaubt,
obwohl wir's glauben müssen,
dass aller Welten Zeit
in Wahrheit ist Unsterblichkeit.

STEFFI

Wächterin des Lichts...

... wirfst dein Auge
über jedes Sein
jedes Glied,
entlockst selbst Dächern
leises Stöhnen
unter deinen Strahlen.

Wächterin des Lichts
mit deinen abertausend Farben
verzückst du die Welt
von ganz allein singt sie
in deinem Antlitz
helle, schrille Töne
gleich den Sirenen
aus den Tiefen ihrer Seele.

      Wächterin des Lichts
      der Wirkung sich voll bewusst
      lässt sie sich treiben
      entzückt
      folgt sie deinen Strahlen
      ihr Herz schlägt höher
      bis an alle Grenzen
      pocht es
      mit ihr
      fortan
      ihr Sein.

Wächterin des Lichts
in deinem Schatten
ganz nah
wie niemand sonst
gestaltet ihre Welt fortan
jede nach ihrer Art
unabdingbar
miteinander verwoben.

> Wächterinnen des Lichts
> komplementär vereint
> in Ewigkeit
> solange sie sich dreht
> ihre Welt
> in Hell und Dunkel
> Tag für Tag
> Nacht für Nacht.

Wächterinnen des Lichts
mit hellem Schein
umspinnen sie dunkle Wolken
spiegeln helles Weiß
auf tiefblauem Grund
und
beleuchten immerdar
Vergänglichkeit
in Vollkommenheit.

Die Welt trifft Gefühl

Erschüttert bebt die Welt
ein fürchterliches Beben
der Augen und Herzen.
Gefühlvolle Blicke
schauen unsicher zu Boden,
auf der Stelle
verkriechen wollen sie sich,
wenn sie ehrlich sind.

– Die Welt trifft Gefühl –

Die Herzen ergreifend,
quetschend, drängen
sich die Menschen
vor und zurück,
hin und her gerissen.

– Die Welt trifft Gefühl –

Voll ist sie von ihm,
so unendlich belastet
weiß sie nicht
sich zu verhalten,
zieht sich zurück
in ihr brodelnd
das Leben,
das sie nicht wagt
zu sein.

– Die Welt trifft Gefühl –

Freuen sich alle doch darüber.
Heimlich offenbaren sie
an diesem Tag
ihre Welten–Gefühle.
Wüten, schreien, stampfen
wüten, schreien, stampfen
alles heraus.

Welch' freudiger Anlass!

Zu tiefst erfüllt
suhlend
wie Schweine
im Schlamm
genießen sie den Tag
bevor es Morgen weitergeht
als wäre nichts geschehen.
Freuen sich doch alle
heimlich schon
ganz offensichtlich
aufs nächste Mal
wenn's wieder heißt:

– Die Welt trifft Gefühl –

Bis dahin jedoch,
das wissen sie sicher,
sind sie geschützt,
– glücklicherweise –
vor sich und der Welt.

Entblößt

Wild entblößt
wütet sie nackt
in den Gezeiten
Wellen, die sie
vollends entkleideten
und fortspülten.

Nackte Haut
in Fetzen
will sie sie reißen
aus Protest
lässt sie sich treiben
willenlos
lässt sie jeden
in sie dringen
die schwärzesten Gestalten
haben auch ihre Schönheit
ergötzt sie sich angeekelt
als sie ihr Herz ergreifend
von dannen ziehen.

Wild und entblößt
wütet sie weiter
in den Fluten
nicht enden wollender Wellen,
die sie überschwemmen
und Minuten später
längst fort
in anderen Ozeanen
ihr Unwesen treiben.

Willenlos ergibt sie sich
bereit zu ertrinken,
halten die Fluten sie doch
gnadenlos über Wasser,
spiegelt Licht ungeschminkt
ihre nackte Haut,
hässlich und aufgedunsen
treibt sie weiter
bis die Wellen
sie anschwemmen.

Irgendwo an Land ausgespuckt
wird sie nach Kleidung suchen müssen.

Wüste Wellen

Wüste Wellen
fangen Sturm,
deine Stimme wispert
nahezu tonlos
beständig in mein Ohr.

Wirre Dinge –
Geschieht ein Traum?
Traumatisiert die Welt?
Für unbestimmte Zeit
weiß ich
weder oben, noch unten.
Was ist wirklich?
Nichts hat Bestand
beständig.

Unsicher taumelnd
schwinden die Tage
in meinem Sinne
ausgesperrt
bewege ich mich
in Luft und Raum
lasse sie alle ziehen.

Ich bleibe.
Lausche deiner süßen Stimme
segele auf den Träumen.
Wirklich, unwirklich
bewege ich mich,
wohin der Sturm mich trägt,
so beständig er weht,
mir die Sinne verwirrt,
so bin ich doch bei mir.

Ich höre Wasser

Am frühen Morgen
durch die Wände
dringt es mir ins Ohr.
Woher kommt es?
frage ich mich.
Wissentlich fließt es
seinen hitzigen Strom
entlang der strahlenden Körper.

Ich höre Wasser.

Tonnenweise fließt es
das Blut zu waschen.
Es wird wieder Blut geben?
frage ich mich.
Mit voller Kraft
höre ich es fließen,
mein Herz pochen.

Ich höre Wasser.

Wie eine Mär
in meinen Sinnen
auf der Durchreise
hitzig, strahlend
die Körper erfrischend
mit kräftigen Wellen und Wogen
durchnässt erzittern wir.

Ich höre Wasser.

Ein neuer Tag beginnt,
überschwemmt die Welt.

Suizid

In der Badewanne
liegend
ganz klassisch
auf Verdacht
spür ich meine Sinne schwinden.
Gebettet in warmes Nass
geschützt,
weich duftendes Aroma
spielt um mich herum
in der Luft
dampft's aus allen Poren
erschöpft und zufrieden
schließ ich meine Augen.

Glücklich
auf Verdacht
spür ich meine Sinne weichen
rot laufen sie
durch das weiche Nass,
dringen sanft ein
schlängeln sich
als einzelne Fäden
zäh doch stetig
heraus aus den Poren.

Schon ganz müde
werd' ich
die Fäden
ziehen an meinen Gliedern
stark und mächtig,
verlassen die Poren
sie
frei

eine tiefe Erfüllung
ganz, einfach und schön
auf Verdacht
halt ich die Augen weiter geschlossen
gespannt, was passiert.

Wohin
die Fäden mich führen
erfahre ich nicht mehr
bewusst
gedenke ich der Folgen
würd ich sagen
es tut mir Leid
für dich
doch Gedanken
lassen sich kaum noch fassen
voller Fäden schon
die Wanne
eingesponnen
kann ich mich kaum noch bewegen.

Draußen bewegt sich's.
Es geht weiter.
Der Anblick befriedigt mich
bestätigt still.
Das Aroma wirkt betörend
auf Verdacht
als stummer Zeuge
geblieben,
werd' ich bald auch ihn verabschieden.

Die Haut bleich
aufgeschwemmt
ritzen die Fäden
ihr Muster tief in die Haut.

Es still betrachtend
steige ich schließlich aus
und s e h e:
– der Wanne Ränder
sind ganz schmutzig geworden.
Ich muss putzen.

Währenddessen
hier und da
morde ich weiter
immer wieder
auf Verdacht
um neu zu leben
irgendwann.

Der Tage Gebilde

Der Tage Gebilde
benebeln meine Welt
furchtbar gleichgültig
öffnet sich keine Tür
für Erinnerung.
Ich bin fort.

Auf Reise
stehen die Augen still
glasigen Blicks
folge ich
dem Ticken der Uhren
wie sie bewege ich mich
unscheinbar
doch scheinbar stetig.

Hin-fort
ist's Herz unterwegs
Schlaf des Lebens
in jeder Ecke
hör ich dich schnarchen
ausgewandert
hab ich die Sachen gepackt
eines schönen Tages.

Umher
werfe ich meine Blicke noch
ab und an
genieße die Farbenpracht
bewegungslos
laufe ich weiter
lasse mich tragen
wohin die Sinne mich führen.

Im Beischlaf der Welten

Ich lese deine Zeilen
denk es sind meine
doch sind es deine Worte.
Ich spüre dich in mir,
wahrhaftig.

Du gehst mir nicht mehr
aus dem Kopf
sprudeln Realitäten
nackt und unverblümt,
paaren sich stetig neu
geil und gierig
unersättlich
lieben sie sich
senden Blitze in die Nacht
nach jedem Höhepunkt
jeder Geburt, jedem Tod

Und es funkt, spritzt und blitzt
unablässig Schatten und Licht
mir ist schon ganz schwindlig
in mir
verwischt das Außen
mein Magen dreht sich
die Welten verschwimmen.

Da plötzlich
ertönt eine Stimme.
Sie ruft zum Essen,
ich könnte kotzen
und erbreche.

Im Zug

In Wein
versunken
rollen Tränen.
Spontan
weinen
sie die Kälte fort,
auf den Gleisen
der Zug,
der nach Ewigkeiten fährt,
da wo du wohnst.

Steige ein in den Zug
dauert die Reise
noch so lange
geduldig
muss ich warten noch
laut
rollen die Räder los
immer weiter
weinend
versunken in Wein
bis wir uns wiedersehen.

Nein, nicht zufrieden
aber zumindest auf dem Weg
bin ich,
der Sinne nicht ganz beraubt
höre ich,
die Räder rollen weiter.
Beruhigt bin ich
nicht wirklich
schaue ich aus dem Fenster
mit Tränen und Wein.

Seit ich dich sah

Ich fühle dich
seit ich dich sah
bei mir
in mir
eingenistet
hast du dich
selbst eingeladen
von jetzt auf gleich
unausweichlich
warst du da
schon bevor
ich dich sah
hörte ich deine Glocken
unvergesslich klingende Töne,
die nicht mehr weichen wollten
langsam lauter wurden
herankrochen
mit ungeheurer Sicherheit.
Fürchte dich nicht
ich bin bei dir
flüsterten sie
und ich blieb
bei mir
bei dir
bis zum heutigen Tag
auf ewig...
es wird kein Ende nehmen.

Reigen

Verteufel mich
ich liebe dich
ich halt dich aus
du glaubst es nicht?

Lass mich stürzen
schließ die Tür
komm wieder hoch
will ich zu dir.

Treibs mit mir
und töte mich
glaub mir doch
ich fürcht mich nicht.

Hol das Messer
leih dir meins
dring bloß tief in mich hinein.

Komm nur, komm
ich reize dich
bis aufs Blut
verspeis ich dich.

Bin kein Gegner
Wen seh ich?
Dich oder mich?
Gestehe,
ganz ehrlich,
ich weiß es nicht.

Seenlandschaft

Wiege mich in deinen Armen
und es wird Wasser,
aus feuchten Seenlandschaften
werde ich dir leuchten
mich entpuppen
spiegeln, glitzern
auf der Wasseroberfläche
unendlich, ewig.

Wiege mich in deinen Armen
es wird besser
mit der Zeit
wird das Eis schmelzen
das so tief gefroren
mich so unerbittlich
scheinen lässt.

Wiege mich in deinen Armen
und ich umfließe dich ganz
sanft kannst du mich nehmen
greifen, tauchen
durch mich hindurchdringen
und ich umströme dich
gib mir Zeit.

Wiege mich in deinen Armen
entfache das Feuer
das verstohlen einsam
in uns selbst nur flackert.
Lass uns treffen
vor ihm Platz nehmen
ganz gemütlich
die Wärme spüren,
es knistern hören.

Wiege mich in deinen Armen
und immer leichter werde ich
lass uns zuschauen
dem Tau
der eisigen Verwandlung
den einzelnen Perlen
des Schweißes, der Furcht, des Schmerzes,
die eine neue Landschaft kreieren
aus Bächen, Seen und Flüssen,
die uns so unberührt lieblich
alsdann zu Füßen liegt
als wär sie immer gewesen.

Für dich das Jahr

Ich wollte nicht loslassen
doch es geschah
trauere nicht
sagte man mir
da war es schon gegangen.

Angst,
mal rannte sie,
mal lief sie als Schatten.
Hoffnung kam und ging.
Immer wieder, auf und ab.

Zuerst gingst du.
Ich glaubte zu träumen.
Irgendwann würde ich aufwachen.
Da war ich mir sicher.
Doch niemand weckte mich.

So wachte ich nicht auf
und stellte nicht fest,
dass alles wieder gut war.
Begegnungen kurz und intensiv
stillten den Durst nach Hoffnung.
Es ging einfach weiter
und ich ertrank.
Niemand weckte mich.

Angst,
mal rannte sie,
mal lief sie als Schatten.
Hoffnung kam und ging
immer wieder, auf und ab.
Doch niemand weckte mich.

So wachte ich nicht auf
und stellte nicht fest,
dass alles wieder gut war.
Und es ging einfach weiter.
Ich glaubte zu träumen
einen schrecklichen Traum,
aus dem ich sicher wieder erwachen würde
Irgendwie
irgendwer
irgendwas
würde mich wecken.

Dann erwachte ich.
Es war der 20. des Monats.
Das Jahr näherte sich dem Ende.
Du wecktest mich,
ich sah Licht.
Es war dein Licht.

Du gabst mir dein Herz,
winktest und gingst.

Die Höhle

Ich vermisse dich
brauche dich mehr als je zuvor
so scheint es mir
und ich ziehe mich zurück
verkrieche mich
zurück in deinen Bauch.

Ich mach mich ganz schmal
und gleite hinein
in dich
suche deinen Schutz
in dir
fühle ich mich sicher
unerschütterlich.
Nimm mich auf,
ich mach mich ganz klein,
gib mir eine Bleibe.

Nimm mich
noch ein Mal
in deinem Innern
will ich verbleiben
für eine Weile
mich verstecken
und Kraft tanken
um weiter wachsen zu können.
Du nährst mich durch dich
von ganz allein.
Alles was ich brauche,
hab ich
in dir.

Dann irgendwann
kannst du mich wieder rausschmeißen
gebären.
Heimlich gewachsen
in der schützenden Höhle
komme ich neu auf die Welt
voller Vertrauen und Zuversicht
noch geschützt durch den Schleim
deines Inneren,
der auf meiner Haut liegt.
Blauäugig
liebend
neugierig forschend
unschuldig naiv.

Fische am Himmel

Überall helle Schatten
du zeigst dich mir.
Erst eine Linie, zwei,
dann ein Dreieck
und ein großes Auge.

Du bist noch da
und schaust,
schwimmst im Himmel, überall –
mein Wunsch erfüllt,
ich liebe dich.

Ich will sie streicheln,
überall Fische
schwimmen durch das Blau.
Ich spüre dich.

Es begann am Morgen.
Ich sah Licht und Flammen,
schön, hell und warm,
wieder und wieder –
Ich spürte es zittern.
Mittendrin,
ich bewegte mich nicht,
genoss die Flammen,
schwamm auf ihren Wellen.

Am Nachmittag
kamen die Fische,
viele, immer neue,
große und kleine.
Sie begleiteten meinen Weg,
sichergehend, dass ich sie sehe
und ihn finde.

Für Dich

In deinen Strahlen
öffneten sich Welten
wunderschöne
in und außer uns.
Dies Gedicht ist für dich.
Mit meinem Herzen
schenke ich es dir,
denn darin wohnst du.
Du erfüllst mich.
So werde ich dich nicht loslassen
meine Schöne,
kein Stück,
denn du bist frei
in deinem ganzen Sein
mit mir und ohne mich.

Als mich die Schönheit umarmte...

... mit all ihrem Glück
blieb nichts übrig,
nichts, wie es war.
Nicht mal ein Wunsch,
den ich zu wünschen vermochte
kein Traum zum Träumen.

Als mich die Schönheit umarmte
sah ich dich
ein flackernder Stern
in dunkler Nacht,
der uns spiegelte,
in wirklicher Welt.
Und er flüsterte:
Ja, es ist wahr. Wir sind.
Und ich sah:
Es war kein Flugzeug,
das verschwand.

Als mich die Schönheit umarmte
mit all ihren wunderbaren Klängen
verstummten die Wörter
nacheinander
sprachen die Herzen fortan
voller Liebe, wie sie sind
sie umarmen sich,
sie sind wirklich.
Und ich kann ihn sehen den Stern
ab und an, auch hier.
Es ist eine Welt.

Als mich die Schönheit umarmte
und mit all ihrer Liebe in die Herzen zog
in dieser einen Wirklichkeit
blieb nichts, wie es war.
Was ist zu tun noch,
frage ich ...
die Augen schließend
lasse ich mich tragen
von deinem Segen,
der mir Frieden schenkt
in diesen Tagen.

Kein Wunsch, kein Traum ...
wir sind wirklich
es ist wirklich
ich liebe dich.

Für Mama

Ich bin aus dir

Dein Licht hat mich geboren
und ich wurde dein Schatten
Ich bin aus dir.

Ich bin aus dir.
Dein Licht hat mich geboren
und ich sah alles
ganz hell
so wie du
ohne Grenzen.
Ich war dein Schatten.
Ich bin aus dir.

Ich bin aus dir.
Dein Licht hat mich geboren
und ich fühlte alles
ganz wahrhaftig
so wie du
als wäre ich es selbst.
Ich war dein Schatten.
Ich bin aus dir.

Ich bin aus dir.
Dein Licht hat mich geboren
und ich hörte alles
so wie du
auch wenn es stumm war.
Ich war dein Schatten.
Ich bin aus dir.

Ich bin aus dir.
Dein Licht hat mich geboren
und ich lebte mit dir
so wie du
in deiner Welt.
Ich war dein Schatten.
Ich bin aus dir.

Ich bin aus dir.
Dein Licht hat mich geboren
und ich lebte mit mir
so wie du
in meiner Welt.
Ich war dein Schatten.
Ich bin aus dir.

Ich bin aus dir.
Dein Licht hat mich geboren
und ich ging mit dir
als du gingst
aus unserer Welt.
Ich war dein Schatten.
Ich bin aus dir.

Ich bin aus dir.
Dein Licht hat mich geboren
und du nahmst mich mit
als du gingst
aus unserer Welt
so weit es ging.
Ich war dein Schatten.
Ich bin aus dir.

Ich bin aus dir.
Dein Licht hat mich geboren
und ich sah dein Licht
als du gingst
in das du entglittst.
Ich war dein Schatten.
Ich bin aus dir.

Ich bin aus dir.
Dein Licht hat mich geboren
und nun lebe ich
so wie du, ewig
in deinem Licht.

Ich bin dein Schatten.
Ich bin aus dir.

Trockene Tränen
ein Gedicht für die Zukunft

Oft werde ich sie weinen
trockene Tränen
mein ganzes Leben
werden sie fließen
sie sind mein Fluss
solange die Wässer mich tragen.

Trockene Tränen
sie sind meine Liebe
ein nicht endender Strom
solange mein Herz schlägt
sie sind dein Licht
ich bin dein Schatten.

Trockene Tränen
verwaist und einsam
noch nicht genug Raum,
euch zu beherbergen,
doch ich baue weiter
bis mein Werk vollendet,
ich euch alle halten kann.

Dann erst werde ich weinen
aus tiefstem Herzen
mit all der Liebe, die in mir ist.

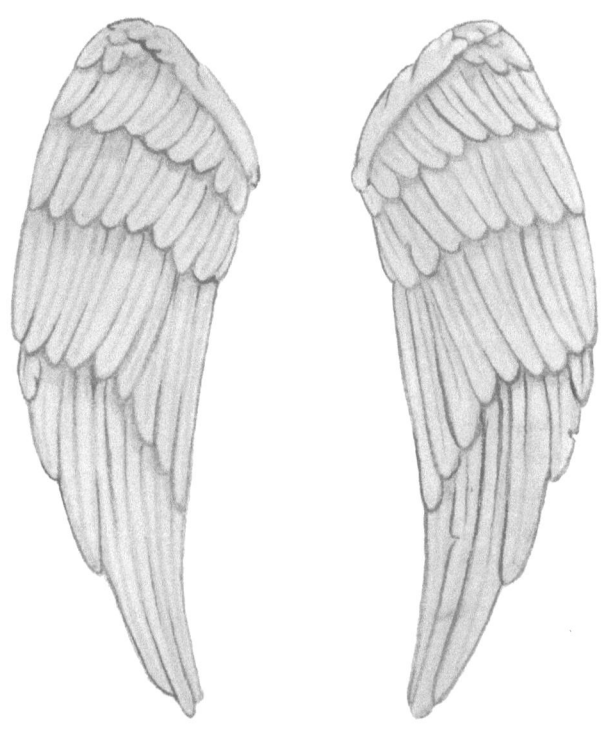

TABITHA

Frage nach mir selbst

Ich sitze.
Auf dem schmutzigen Boden.
und frage mich, wer ich bin.
Sehe meine weißen Beine.
Sehe den blauen Himmel.
Es ist ein helles Blau.
Schaue den Wolken zu.
Sie ziehen über den Himmel.
Der Wind weht durch die Bäume.
Zweifel plagen mich.
Ich denke weiter über mich nach.
Atme die warme Luft ein.
Und während ich dort sitze,
und ein Vogel an mir vorbeifliegt,
bemerke ich wenigstens eins;
Ich bin zu Hause,
denn:
Home is where your heart is.

Eifersucht

Herz –
Schlag,
boom!

Bist du glücklich?
Mit mir?
Ich mit dir.

Vielleicht du mit ihr?
Mehr als mit mir?
Sie fühlt für dich.
Ich fühle für dich.

Wer fühlt mehr?
Ich?
Sie?

Könntest du glücklicher sein mit ihr?
Du sagst nein.
Ich glaube dir.
Glaube dir nicht.
Ich zweifle.
Immer mehr.

Es bleibt.
doch tief in meinem Herzen,
höre ich eine Stimme sagen:

Ich liebe dich
und du liebst mich.

Sehnsucht

Sehnsucht macht krank:
man verlangt,
man will,
man möchte,
doch man soll, darf und kann nicht.

Sehnsucht macht fühlend:
man vermisst,
man sehnt,
man sucht,
doch man findet, bekommt, erreicht nicht.

Sehnsucht macht kalt:
man hasst,
man provoziert,
man weißt ab,
doch man braucht, spürt, liebt.

Sehnsucht macht menschlich:
man stirbt,
man zerbricht,
man zerfällt,
doch man steht auf, kämpft und lebt!

Mein Herz

Ich kannte ein Mädchen.
sie war hübsch.
Ich sah sie auf Bildern.
Traf mich mit ihr.
Mir gefiel ihre Art.
Sie war ehrlich.
War nicht auf den Mund gefallen.
Sie hielt meine Hand.
Ich gab ihr meine.
Wir hielten uns fest.
Sie war mir wichtig.
Mehr als das.
Sie war viel für mich.
Wenn nicht noch mehr.

Doch was rede ich.
Ich lüge.
Denn all das
tut sie noch heute.
Sie ist einer der besten Dinge,
die mir jemals im Leben passiert sind.
Sie ist eine der wenigen,
die mich immer aufheitern kann
und ich brauche sie –
mehr als ich die meisten andren brauche.

Denn:
sie ist meine Freundin
und wird immer die Tollste sein.

Die kleinen Dinge im Leben

Eine Umarmung.
Ein Kuss.
Ein Lächeln.
Ein geputztes Bad.
Ein aufgeräumtes Zimmer.
Eine überstandene Klausur.
Ein Moment, in dem das Herz stehen bleibt.
Ein Gemütszustand.
Ein neuer Haarschnitt.
Ein Windstoß.
Ein vergangener Tag.
Eine Reise.
Eine Gefühlsregung.
Eine Karte.
Ein Brief.
Ein neues Kleidungsstück.
Eine neue Farbe.

Denn es sind die kleinen Dinge im Leben,
die man genießt,
die man liebt,
die man braucht,
die einen lebendig machen.

Traurigkeit

Sie kommt.
Von Innen.
Macht sich breit.
Im Bauch.
In der Brust.
Sie frisst mich langsam auf.
Ich lasse es nicht raus.

Kein geöffneter Mund.
Keine Träne.
Lasse sie schmoren.
Sie ätzt sich durch mich hindurch.

Ich weine nicht.
Ich bin groß.
Ein starkes Mädchen.
Die tun sowas nicht.

Alle sehen es.
Alle sagen es.
Ich verleugne es.
So frisst sie mich auf.
Bis ich fast nicht mehr da bin.

Dann platzt es.
Boom.
und ich weine.
Bitterlich.

In deinen Armen.

Das verlorene Glück

Ich war glücklich mit dir.
Du mit mir.
Für eine kurze Zeit.
Eine Freundschaft,
die zu einer Beziehung wurde.
Mein Herz schlug schnell.
Deines schneller.
Dann war es vorbei.

2 Jahre lang.
Nie vergessen.
Nie überwunden.
Immer verdrängt
& wieder aufgerissen.
Meine Gefühle für dich.

Sehnte mich nach Nähe.
Sehnte mich nach Kontakt.
Sehnte mich nach Regung.
Ich sehnte mich nach Freundschaft.

Keiner konnte es verstehen.
Alle meinten, ich solle vergessen.
Es ging nicht.
Ich wollte es nicht.
Ich wollte dich nicht aufgeben.

Gab es eine Hoffnung?
Ja.
Machte den Mund auf.
Machte die Augen auf.
Machte das Herz auf.
Ich machte es dir klar.

Du bist ein Puzzlestück.
Ein Puzzlestück von mir.
Du wirst immer ein Teil von mir sein.
Ein Teil meines Herzens.
Du bist mein Freund.
Ein Freund der Vergangenheit, Gegenwart & Zukunft.
Du bist ein Arsch.
Ein Arsch, der mir oft wehtat.
& dennoch brauche ich dich,
werde ich dich immer brauchen.
Mal mehr.
Mal weniger.

Geschwistergefühle – Geschwisterherz

Jedes Mal, wenn du mich nervst,
Jedes Mal, wenn du mich anschreist,
Jedes Mal, wenn du mich verletzt
Jedes Mal, wenn du mich reizt,
Jedes Mal, wenn du mir zuhörst,
Jedes Mal, wenn du mir vertraust,
Jedes Mal, wenn du mir vergibst
und jedes Mal, wenn du mich umarmst,

mag ich dich,
mag ich dich nicht,

brauche ich dich,

vermisse ich dich

und beneide ich dich,

ein Stück mehr,
ein Stück weniger,

weil du du bist,
und ich ich,
liebe ich dich Tag für Tag mehr,

ich, Tabitha,
und du, Leon,

Geschwister und Geschwisterliebe,

jeden Tag ein Stückchen mehr.

Liebe ist ...

... in meinem Kopf:
„Du; du; DU!"

Die Fragen, die sich stellen;

Jede Umarmung wird länger – Einbildung?

Er wohnt näher – Verbesserung?

Er ist für mich da – Verteidigung?

Er hört die gleiche Musik – Verallgemeinerung?

Doch letzten Endes zählt das alles nicht,
denn:

Liebe ist, wenn dein Herz zu deinem Verstand geht
und an der Tür nur einen Zettel findet,
auf dem steht:

„Bin eben Zigaretten holen!"

Die Musik

Ein Schall.
Ein Echo.
Ein Klang.

Eine Melodie.
Ein Text.
Ein Lied.

Eine Note.
Ein Instrument.
Eine Musik.

Musik trifft Herzen.
Musik beschreibt Gefühle.

Musik bringt zum Lachen.
Musik lässt Weinen.

Kurz:
Musik ist lebendig.
Musik macht Leben.

Für einen besonderen Mister

2 Arme – ausgebreitet
vor einem Körper, der wartet,
der fleht, der lächelt.

Sie bewegen sich auf den starren Körper zu.
Er ist vereist – kalt.

Sie umschließen ihn –
wenn nur kurz und knapp –
doch sie schließen den Körper eng ein.

Für einen Moment
wird der Körper warm
Er wärmt auf,
von Innen und Leben beginnt durch ihn zu strömen.

Wenn sie sich lösen – dann wird er wieder kalt –
wie zuvor.
Doch für einen Moment schenken
2 Arme mehr als ein ganzes Jahr.

...Ich...Du...Hin...Und...Her...

Ich sagte dir meine Meinung, du gingst fort.

Ich lief dir hinterher und legte die Hand auf deine Schulter,
du spucktest mich an.

Ich schaute dich entsetzt an, du zeigtest mir die kalte
Schulter.

Ich fuhr dich an, du schlugst mir in den Magen.

Ich stieß dich fort, du schlugst mir ein Veilchen.

Ich fing an zu weinen, du schautest mich verbannend an.

Ich wischte mir die Tränen aus dem Gesicht und stand auf,
du schlugst erneut auf mich ein.

Ich wollte mich nicht wehren, du nutztest es aus.

Ich versuchte dich zu beruhigen, du wurdest nur noch
saurer.

Ich versuchte deine Schläge abzuwehren, du tratest erneut
zu.

Ich konnte mich nicht beherrschen und schlug zurück, du
schlugst nur noch fester.

Ich erwiderte die Schläge, du nahmst ein Messer.

Ich sah es nicht, du wusstest es genau.

Ich wollte dich erneut schlagen, du stachst zu.

Ich versuchte mich zu wehren, du durchtrenntest mir die
Kehle.

Ich sagte dir nur die Meinung, du brachst mein Herz.

Ich erklärte dir mein Handeln, du schlugst gleich zu.

Ich wollte mich nur verteidigen, du tötetest mich.

Für's (Ver)Lieben gibt es keinen Ersatz

6 Wörter
1 rasender Herzschlag
2 Umarmungen
Ungewissheit.

1 Tag später
2 rasende Herzen
6 Wörter
Klarheit.

2 Tage später
5 Stunden Zweisamkeit
2 zusammenhängende Hände
Fröhlichkeit.

3 Tage später
2 streichelnde Hände
1 Bussi
Glückseligkeit!

Weil es nie so wie am Anfang ist – Einmaligkeit!

Angst

Ich habe Angst –
Angst um dich.

Ich habe Angst –
Angst dich zu verlieren.

Ich habe Angst –
Angst davor zu gehen.

Ich habe Angst –
Angst davor dich alleine zu lassen.

Ich habe Angst –
Angst davor dich erwachen werden zu sehen.

Ich habe Angst –
Angst dir nicht mehr was zu geben.

Ich habe Angst –
Angst davor zu gehen.

Ich habe Angst –
Angst um dich.

Ich habe Angst –
Angst weil du mir wichtig bist.

Ich habe Angst –
Angst um uns.

Ich habe Angst –
Angst – deswegen vergesse ich mich.

WIBKE

Heile Welt

Du wirst auf der Strecke bleiben
„Warum?" fragst du
Doch weißt du es selbst am besten

Du bist blind
Blind vor Perfektionismus
Blind vor „Heile Welt""

Du meinst dein Leben sei perfekt
und meines schlecht
Doch woher willst du wissen
was richtig und was falsch ist?

In deiner Welt da ist man wer
wenn man einen Beruf erlernt
Aber gibt's da noch etwas
außer Ruhm und Geld

Die Liebe zum Beispiel
ist ein wichtiges Gut
Doch ist sie nur gespielt
in deiner „Heilen Welt"

Glücklich ist man deiner Meinung nach nur
mit einem Ehemann zwei perfekten Kindern
und einem ansehnlichen Beruf

Doch das ist nicht das Gut
das uns Wesen das Glück des Sehens bringt

Die verbalen Schläge

Die verbalen Schläge
gegen mein Sein,
schlagen und hageln
täglich auf mich ein.

Alle so voller Stärke
Alle so unglaublich gemein.
Die verbalen Schläge
gegen mein Sein.

Bin halt so wie ich bin.
Akzeptiert mich doch,
falle sonst in ein Loch.
Ohne den tieferen Sinn.

Verstehe und Sehe!

Du glaubst du wirkst echt.
Doch du bist nur ein Knecht.

Du lebst nach dem Prinzip,
der Öffentlichkeit,
der Anderen.
Aber wo bleibst du ...?

Du versuchst immer nur
anderen zu gefallen.
Aber bist dir selbst
daran verloren gegangen.

Du lebst in einem Schein.
Dabei kann man ja nicht
glücklich sein ...!

Du beschwerst dich,
doch bereit zum Ändern,
und zwar dich selbst,
das bist du nicht.
Hauptsache dein Umfeld
ist es, das zu dir spricht.

Doch sprich Du doch mal
zu Dir.
Du wirst sehen,
du bist hier.

Lilith (Gier)

Ich bin Schütze,
Ich bin Frei.
Wie eine Münze,
bin ich grad zweierlei.

Die Dinge die ich tat,
sprechen für sich.
Die Dinge die ich sprach,
sprechen nicht.

Sie sagen nicht was ich will.
Sie sagen nicht, dass ich will.

Suche Die Einheit ...!!

Der „Heit" an der ich stehe,
mit Lilith und den Männern,
in der Nacht, wenn ich flehe,
sag ich ihr den Kampf an.

Den Kampf mit Lilith
der erotisch ängstlichen.
Lilith ich beschwöre dich ...
Zeig mir doch dein anderes Gesicht.

Das der Stärke,
das der spirituellen Gaben.
Doch du schenkst mir nur die schlechten,
die sexuellen Seiten.

Nachts kommst du zu mir
und zeigst mir deine Gier.
Die Gier nach Männern,
nach neuen „Opfern"...
So zeigst du dich mir,
du und deine unersättliche Gier ...

Du

Ich gab dich weg,
doch wollte ich dies nicht.
Tat es doch.
Nun lebe ich damit
Muss es ja..
Es ist vorbei ...

Ließ dich im Stich
Gab dir keine Chance,
Es schmerzt in mir
Sah doch niemals dein Gesicht.

Wie wäre es,
wie wäre es mit dir ...?
Ohne dich,
jetzt ist etwas leer ...

Leer und doch voll
Voll mit Trauer, Schmerz,
Hass und Wut.

Wut auf mich,
ich ließ dich gehen
ließ mich dabei stehen.
Wusste nicht, wieso ...?
Bin dadurch nicht froh.

Ich gab dich auf.
Gab dir keine Chance
Doch eigentlich
da wollte ich dich.

Hatte Angst,
war nicht bewusst,
lebte in Frust.

Du warst schon da
Es war beschlossen.
Doch ich war so dumm
und unentschlossen.

Wie konnte ich ...?
Wieso kam es so ...?
Nun ist übrig,
die Wunde,
das Solo.

Traf einfach eine
Entscheidung für dich.
Durfte es nicht,
bin doch nur ein Wicht,
Ich liebe dich,
vergiss das nicht.

Es tut mir Leid,
es tut mir weh.
Vielleicht kommst noch einmal
zu einer Zeit,
wo ich zu mir steh ...

Du, du da denkst

Da liegst du
ohne Sorgen, ohne Worte.
Du, du da denkst
es wär alles in Ordnung.

Du liegst da
als müsste dich nie etwas ändern
Du, du da denkst
man kann einfach so durchs Leben schlendern.

Da liegst du nun
schlafend und schnarchend.
Du, du da denkst
ich stünde immer an deiner Seite strahlend und lachend.

Du liegst so da
träumst vor dich her ohne Gedanken.
Du, du da denkst
mich ewig zu halten.

Du, du da denkst,
bist doch der, der am meisten um alles
bangt.

Sieh doch!

Du siehst nicht das Unglück
zwischen uns
Du siehst nicht das Unglück
in mir

Das bringt mich zum Zweifeln
zweifeln um uns
Das bringt mich weg
weg von dir

Ich wollte, dass es klappt
zwischen uns
Doch du nimmst nichts wahr
von mir

Du zeigst mir die Liebe nicht
zwischen uns
Du zeigst mir die Liebe nicht
in dir

Du nimmst Abstand
Abstand von uns
Du nimmst Abstand
Abstand von mir

Du siehst nicht das Unglück
Du siehst nicht die Liebe
Du siehst nicht die Unlust
in mir

Enge

Die Enge treibt mich in die Ferne,
die Enge treibt mich in ein anderes Land.
Es ist einschnürend, ich sag es nicht gerne,
aber nimm dich zusammen,
sonst fühl ich mich
gefangen.

Ich sagte es von Anfang an,
ich sagte dir, ich brauche Platz.

Schneller als du siehst,
schneller als du denkst.
Breche ich aus.
Aus, aus diesem Mist, den du Liebe nennst.
Sieh es doch!
Bevor du meine Liebe fliehen siehst.

Das ist alles so traurig,
das ist alles so schön.
Wir waren doch immer so feurig,
aber für mich wird es Zeit zu geh´n

Fragen und Zweifel

Glück oder Unglück?
Gefühle oder keine?
Fragen die ich mir stelle
klopfen unentwegt an meine Schwelle

Lasse sie nicht zu
Doch geben sie keine Ruh
Meine Gefühle sind tabu!

Und will sie doch zulassen
aussprechen und herauslassen

Aber diese Zweifel, diese Fragen
Nagen an mir
Kann sie nicht ertragen
Will doch nur zu dir,
um dir zu sagen:
„Du fehlst mir,
wenn du nicht bei mir bist.
Aber ist alles noch so neu für mich!"
Eine komische Sache, finde ich

Ich frage mich oft
ist das alles wirklich ernst?
oder ist es doch nur ein Scherz?

Diese Fragen, diese Zweifel
Diese Zweifel, diese Fragen
Sie nagen, nagen und nagen …

Wir

Ich öffne meine Augen
um richtig zu sehen
aber du ...?
du lässt dich und mich gehen

Ohne Kampf räumst du das Feld
Ohne Kampf ziehst du zurück
Und merkst nicht
dass ich dir dabei entwisch

Weg bin ich bald
und du merkst es nicht
Tust nichts für uns
Tust nichts für dich

Du hast ein Problem
und ich weiß nicht was
war doch alles so schön
bis zur letzten Nacht

Was ist passiert?
Was ist geschehen?
Lässt du mich einfach ohne Kampf gehen?

Hab gedacht du liebst mich mehr
Hab gedacht dass zwischen uns etwas wär

Aber du gibst uns auf
Vielleicht auch ich
Ich bemerke dich einfach nicht

Liegt es an dir?
oder doch nur an mir?
Ich kann nicht mehr
du wirst mir zu schwer

Fühle mich atemlos und erstickt
in deiner Nähe ist kein Glück

Schwer zu begreifen
Schwer zu verstehen
Wie kann dieses Gefühl
so einfach wieder gehen?

Du sagst: „Die Liebe bleibt immer –
die Liebe bleibt bestehen"
Doch ist sie schon weg
konnte sie nicht überstehen

Ich suche die Gründe
Doch finde ich keine
Die Luft es raus
Die Liebe ist tot

Erlischt das Feuer unserer Seelen
Enden sollte es
bevor wir uns beide nur quälen

Lebensschlaf

Wir sind uns nah
Und doch so fern
trotz allem
fliegen wir immer zum selben Stern

Zum Stern der Liebe,
des Hasses, der Wut
und der Glückseligkeit

Wir lieben einfach
Und das bringt uns
die Leichtigkeit des Lebens
Die Leichtigkeit des Seins
und des Vergebens

Liebe ist der Schlüssel
Der Schlüssel unseres Glücks
Doch vielen fehlt der Schlüssel

Sie hassen – und lieben nicht
Sie streiten – aber versöhnen nicht

Sie leben ihr Leben im Schlaf
Doch dies ist nicht das Leben
dies ist nur die Schmach
die uns Menschen auferlegen
Der lebenslange Schlaf

Wach sind wir geboren
die ersten Jahre sind wir bewusst
Doch dann kommt der Schlaf
Und wir legen uns an seine Brust

Erwachen können wir immer
doch zu viele sind zu stur
Zu viele genießen den Schlaf
Sie wollen nicht erwachen
Sie leben jeden Tag
Doch leben sie nicht wirklich
Denn leben sie im Schlaf

Kleine leise Stimme

Das mit dem anderen Geschlecht,
ist schon so eine Sache.
Man denkt, man wäre Besonders und Echt,
doch in Wirklichkeit ist es nur eine Masche.

Eine Masche des Verstandes, des Träumens,
man wünscht, dass dieser Traum ewig ist.
Aber dieser Traum ist eine List.

Eine List der Lust, des Alkohols und Frusts ...

Den Frust den man sich auferlegen,
angefressen,
und doch dagegen ...

Leben ist was anderes, das weiß man auch.
Und doch geht man auf,
in diesem Lebensrauch. ...

Man fühlt sich gut,
man fühlt sich schön
und voller Mut.

Aber dann einen Tag später schon,
bekommt man den verdienten Lohn.

Den Lohn des Frusts,
den Lohn des Leids.

Dieser Weg das war der Falsche.
Man weiß es nun
und macht doch das Gleiche.
Auf andere Art und Weise.

Da spricht noch immer eine Stimme,
wenn auch sehr leise.

Fluss der Tränen

Da sitzt du nun,
hast mal wieder
nichts zu tun.

Lebst dein Leben,
traurig,
Lebst dein Leben,
und sitzt da,
da am Fluss der Tränen.

Diesen Fluss,
hast du gefüllt.
Gefüllt mit unterdrückter Wut,
Trauer und Liebe.
Erhalten hast du vom Leben,
bisher nur Hiebe.

Doch schaust du nicht genau,
siehst du im Fluss das Leben nicht.
Siehst nur den Tod,
aber nicht das Licht.

Warum bist du traurig ...?
Warum bist du so verbittert ...?

Es ist nun anders..!
Also lebe dein Leben,
sieh das Leben,
in deinem Fluss der Tränen.

Käfig

Gefangen in einem Käfig
wartest du so vor dir her.

Gefangen in einem Käfig
siehst du durch die Stäbe,
das ewige Meer.

Gefangen hinter einer Fassade,
die du dir erbaut.
Versteckst du dich,
sehnst dich nach Liebe,
die dir doch vertraut.

Hinter Mauer und Türen,
verschlossen du sie gemacht.
Lebt ein strahlendes Licht,
was dir von Geburt an,
vermacht.

Obwohl du kennst es doch!
Die Liebe, die eines Tages mal
bei dir war.
Mach sie dir bewusst,
sonst wird der Weg niemals klar.

Du verfällst in den Strom ...

Den Strom der Sperre,
der Strom der Verschlossenheit.
Tiefer und tiefer ,
saugt er dich hinein.

Und alles was bleibt,
ist ein kleiner, leiser Schein.
Eine Fassade des Glücks,
der Liebe und der Gerechtigkeit.

Doch du bezahlst diese Fassade,
diesen Schein.
Mit deiner Freiheit und
deinem wahren Sein.

Hoffnung

Traurigkeit.
Ewiges Weinen im Nebel.
Grenzenlose Sehnsucht,
nach Ferne, nach Liebe
und Freiheit.

Traurigkeit.
Ewiges Herz aus Eis.
Schwellender Schmerz,
gebrochenes Herz.
Blutender Stamm,
so voller Entsetzen.

Kannst nicht weg,
kannst nicht fliehen.
Berufe dich auf mich
und ich werde dich mitziehen.

Gib nicht auf,
denn die Natur,
nimmt ihren Lauf ...

Essen

Nahrung der Dämonen,
Nahrung des Hasses.
Doch du solltest dich schonen.
Denn diese Dämonen,
saugen, nagen, fluchen,
denn sie suchen,
die Dinge, die sich lohnen ...

Die Nahrung der Dämonen,
Wut, Hass, Eifersucht ...

Gib sie ihnen nicht!
Werde Wut, Eifersucht
und Hass.
Dann wird sich erfüllen,
dein Lebensfass ...

Ewigkeit

In Ewigkeit ist nur das Sein.
Das Sein,
in seinem heiligen Schein.

Im Schein der Liebe,
im Schein der Glückseligkeit.
Doch diese Ewigkeit,
entsteht aus Schlamm.

Aus Schlamm eines Sees,
des ewigen Sees der Seelen.
Das ist das Leben.
Der Schlamm.
Währenddessen kommt das Streben.
Das Streben nach Glückseligkeit.

Ewig währende Liebe ist das Ziel.
Doch für uns Menschen,
ist dies manchmal zu viel.

Wir suchen,
sind besessen.
Aber vergessen,
uns selbst am meisten dabei.

Ohne dieses Suchen,
was wir verfluchen,
lebt es sich leichter,
lebt es sich freier.

So lässt mans sein,
und lebt im Schein.

Im Schein der ewigen Liebe ...

LEANA

Vergessen

versunken –
in ewiger Schmach

verloren – vergessen
in der Stille der Nacht

wo bist du nur?
wo willst du nur hin?

du suchst und suchst
doch da ist kein Sinn

verlaufen –
läufst du umher

verschwunden – versunken
in tödlichem Meer

Momente ewig langer Äonen
verschleppt – verfolgt
von den Zeitdämonen

Ohne Titel

Um 6 Uhr wolltest du hier sein
Ab 4 Uhr wartete ich
Um 8 Uhr kamst du an
Doch ab 7 Uhr war's zu spät

Einmal mein Herz gebrochen
Auch zweimal war irgendwie okay
Doch beim dritten Mal da starb ich
So tat's beim vierten Mal nicht mehr weh

Fern ab

Fern ab deinen Wegen
entfesselt – entflammt
Bin ich deinem Leben
entschlossen entrannt

Weit von deiner Seele
entriegelt – befreit
Leb ich dieses Leben
dann lieber allein

Denn tief in deinem Herzen
ertrunken – erfroren
Hast du dich in Schmerzen
des Lebens verloren

Fern ab deiner Welt
getrieben – gerannt
weil mich nichts mehr hielt
an deiner gierigen Hand

Denn tief in meiner Seele
– die Fesseln gesprengt –
hat mich meine Liebe
zum Gehen gedrängt

Marionetten

Marionetten der Wut
klagen besessen über ihr Tun
Verzagen, verdroschen vom eigenen Schuh
Tragik der hässlichen, rohen Brut

Marionetten des tiefen Schlafs
schlafen vergessen in ihren Tag
Tragen sich schleppend zu ihrem Grab
Vergraben vergeblich heilige Saat

Marionetten der Illusion
Tiefe Narben ja sowieso
Doch nagen sie tragisch an ihrem Tod
und werden sie klagen ewig vor Not

Mitternacht

Donnernd, grollend erbebt der Himmel
Drohend, bohrend erlebt dein Wille
schonend zu erleben die verlorenen Sinne
Doch lang schon betrogen mit schönen Gewinnen

Ja, eifrig vom Ego zunichte gemacht
stumme Illusion der Mitternacht
Begreifst nicht was dich aus der Mitte gebracht
Doch fleißig wird schon wieder weiter gemacht

Illusion

Die Illusion der Edelleute
ätzt sie schon, wie Elendssäure
Was die Meute zum Leben bräuchte,
wäre einfach nur ihr Wegerleuchten

Die Illusion der tausend Nächte,
die fauchend, schnaufend keine Antwort hätte
Denn tauchen selbst die Fragen verdächtig
tief und roh in verlaufenden Bächen

Die Illusion des Glücklichseins
tarnt sich als Lohn – kann tüchtig sein
Doch gnadenlos wird sie zerfallen
Noch kannst du dich von ihr befreien

Samstagnacht

wandelnde Gestalten
ziehen durch die Stadt
schweren Schrittes schreitend
trunken in die Nacht

traurige Seelen
ziehen, leitend von ihrem Trieb,
in tödliche Zeiten, die quälen
und sehen nicht was geschieht

verwirrte Geister wanken,
ziehend von ihrem Glas,
betäubten Verstandes, entleerter Gedanken
und meinen wirklich sie hätten Spaß

Irdische Sorgen

In der Welt der irdischen Sorgen
verharrt, verklebt
verfangen, verdorben

So viele Wege aus dem Dreck
verlaufen, verloren
verbittert, versteckt

Und so viele Wege hin zum Licht
verblieben verschwommen
verborgen im Ich

In der Welt der wachen Träume
versiegelt, verschmolzen
in offenen Räumen

So viele Wege durch gut und schlecht
Doch das Gute vernebelt,
verbuddelt, verdeckt

Wildnis

Bunt und laut euer Denken
Von Grund auf taube Verlenkung
Zu Gunsten geglaubte Verschwendung
Verdummt gebaute Beschränkung

Schrill und extrem euer Lachen
Wildes Benehm' der Erwachs'nen
Bildnis der Schönen doch Schwachen
In der Wildnis der niemals Erwachten

Fröhlichsein

Ihr lauft verdummt eure spaßigen Wege
Denkt nicht an Tiefsinn – denkt nicht an Elend

Ihr tanzt und singt und klatscht dabei
Denkt nicht an das Werden
Denkt nicht an das Nüchternsein
Denkt nicht an das Sterben

Ihr poltert eure Reden in Flamme und in Hitze
Und lacht ihr gern verblödet eure dämlichen Unwitze

Und dennoch beneide ich euch
Beneide euer Fröhlichsein
Wie frei ihr doch vom Grübeln
wie frei ihr doch am Leben seid

Zerrissensein

Lausche ich in mich hinein
hör ich lachen – hör ich schrein',
könnt ich tanzen – könnt ich wein'
vom ewigen Zerrissensein

Das Leben ist so wunderbar
und doch dem grausamen Elend nah
Das Auf und Ab der Achterbahn
Zwischen Ego und Herz
Zwischen Stille und Wahn

Wünsche

Ich wünschte dein Herz würde ewig so lachen
singend und frei das Feuer entfachen

Ich wünschte deine Augen würden immer so strahlen
funkelnd vor Neugier das Leben erfahren

Ich wünschte du würdest ewig so blühen
lachend, schmunzelnd ganz ohne Bemühen

Ich wünschte ich könnt dich befrei'n von dem Schmerz
doch das, das kannst du nur selbst, mein Herz

Sehnsucht

Sehnsucht ist zu vermissen
Sehnsucht ist zu verzweifeln
Sehnsucht ist ein Verbrennen
und blind in die Glut zu greifen

Sehnsucht ist ein Ziehen
Sehnsucht ist ein Zerreißen
Sehnsucht ist das Verdunsten
des Wassers auf heißem Eisen

Und wenn jede Faser deines Seins
verdunstet vor Schmerz und ausgebrannt ist
Dann beginne zu tanzen, beginne zu schrein'
Tanz auf der Asche und tanze ins Licht

Denn es gibt nichts zu verlieren
Bist Tode gestorben und hast überlebt
Es ist nie zu garantieren
dass der Himmel nicht reißt und die Erde nicht bebt

Und mitten im Tanz
schwebst du zu den Sternen
Aus Asche und Dampf
wird Stille und Wärme

... und du erkennst ...

Sehnsucht ist Sehnsucht nach dir
Nach den Sternen, nach Gott und nach Licht
Sehnsucht nach Liebe, nach Jetzt und nach Hier
Sehnsucht nach dem was du wirklich bist

(Un)Beständigkeit

Einfach gar nichts ist beständig
Denn alles vergeht mit der Zeit
Das Einzige was beständig ist,
ist die Unbeständigkeit

Es gibt kein gut und auch kein schlecht
Es gibt kein fair oder ungerecht
Es gibt kein hässlich und kein schön
Es gibt nur einen Weg zu gehen

Und dieser Weg besteht aus beiden
aus grenzenloser Liebe
und grauenhaftem Leiden

Denn wenn einfach alles nur wunderbar wär'
dann gäbe es doch gar keine Wunder mehr

Jedes Leben

Jedes Leben ist es wert
um eifrig für zu streben
Keine Zeit ist je verkehrt
in deinem kompletten Leben

Jede Tat musst du begehen
um später draus zu lernen
und wenn du noch nicht tätig bist
dann musst du tätig werden

Jede Hürde musst du nehmen
um sie zu überwinden
Jedes Leid musst du bestehen
um deinen Weg zu finden

Jede Antwort hast du schon
auf deine tausend Fragen
Jede Mühe wird sich lohnen
du musst dich nur mal wagen

Jedes Leben ist es wert
auch willst du dich nicht trauen
Du, du bist hier nicht verkehrt
du musst nur an dich glauben

Gegenwart

Die Vergangenheit –
eine Welle erfahrener Erlebnisse
reißend, flutend, fühlendstürzt
sie auf uns ein

Und die Zukunft –
eine sich füllende Schwärze
pulsierend, zielend, wünschend
geben wir ihr ein Sein

Doch die Gegenwart –
Ein Raum ohne Zeit und ohne Bild
unvorstellbar, doch fühlbar
weil er uns schließlich am Leben hält

Und lassen wir alle Bilder ziehen
können wir weder in Vergangenheit noch in die Zukunft
fliehen
Müssen uns nicht mehr um die Gegenwart bemühen
lassen wir die Bilder einfach in uns ziehen

Die Reise

Nach der Verzweiflung
da kam die Trauer
Nach der Trauer
da kam der Frust
Und mitten im Leiden
da kam die Stille
Ein einsames Schweigen
und machte fast Schluss

Doch in dem Nebel der Stille,
in der Zeit ganz allein
Da entfachte sich der Wille
wieder vollkommen am Leben zu sein

Und nach der Ruhe
da kam die Reise
Auf der Reise
da kam das Licht

Und nach all der Einsicht
da kam das Weise
erklärte mir leise
das Leben und mich

Jede und jeder

Jeder Baum in seinem Grün
Jeder Zweig auf seinem Weg
Alle Blümchen, wie sie blühen
Ganz egal, wo ich denn leb

Jede Wolke – Jeder Bruch
Jedes Blattes Feinstruktur
Jedes Gemüse – Jede Frucht
all die Menschen – all die Kulturen

Jedes Moos am nassen Stamm
Jeder Fisch im tümplen See
Jeder Strauch am Straßenrand
An all den Wegen, die ich geh

Jede Taube in der Schar
Jeder einzelne Vogelgesang
All die Wunder an jedem Tag
in diesem, ach, so grauen Land

Jeder Pilz am Waldesweg
Jeder strahlende Sonnenschein
Nun seh ich erst, wo ich hier leb.
Wie konnt ich hier nicht glücklich sein?

BIOGRAFIEN

Shayariel (Shanna Liebl)

wurde 1961 in Bonn geboren, wanderte über viele Stationen (Hamburg, Krefeld, Eifel) bis sie zuletzt in der Nähe ihres Geburtsortes Bonn landete.

Sie schenkte vier Kindern das Leben und ist zweifach diplomierte Fachfrau (Sozialpädagogin mit Schwerpunkt: Theaterpädagogik und Psychologin).

In den Jahren 2006 bis 2009 begann sie, ihre über viele Jahre gesammelten Werke zu veröffentlichen. Hierzu zählen Lyrik- und Kurzgeschichtenbände, sowie der Roman *Schattenblitze*. Außerdem kann sie auf eine Anzahl von Veröffentlichungen von Kurzgeschichten und Gedichten in diversen Anthologien blicken.

Nach einer längeren Schaffenspause ist sie nun dabei, wieder (nicht nur) literarisch aktiv zu werden. Neben diesem Lyrikband befindet sich ein weiterer in Überarbeitung (neu: *Orkan der Dornengesänge*).

Stefanie Mallepreé

wurde 1978 in Köln geboren. Diplom-Übersetzerin für Neugriechisch und Englisch, Volontariat in einer Werbeagentur, Übersetzerin für Neugriechisch und Englisch, Lehrerin der Sekundarstufe I für die Fächer Deutsch und Englisch sowie Fremdsprachendozentin. Liebt neben Sprachen vor allem Griechenland. Seit 2009 ist Kreta ihr Zuhause geworden: ein wunderschönes Tal im Südwesten der Insel.

Wenn Worte leuchten, scheinen sie manchmal noch so dunkel, das Herz voller Licht ist und zufrieden seufzt, nach dem Schreiben der Zeilen, weiß ich, ich habe Augenblicken meiner Wirklichkeit Ausdruck verliehen.

Tabitha Junge-Liebl

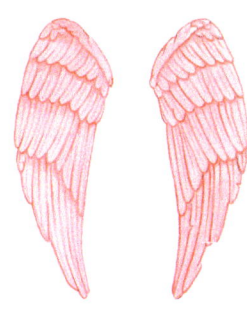

wurde 1989 in einem kleinen Ort am Niederrhein geboren und wuchs dort auch auf.

Schon in der Kindheit als „Leseratte" abgestempelt, verschlingt sie auch heute noch in kürzester Zeit die verschiedensten Bücher – sofern sie die Zeit zum Lesen findet.

Ihre ersten eigenen schriftstellerischen Schritte machte sie in der Pubertät, wo sich viele Gedichte und Geschichten über ihre verwirrte (Gefühls-)Welt auf Papier und PC ansammelten, die sich zum größten Teil in diesem Band wiederfinden.

Mittlerweile lebt sie – glücklich verheiratet – in Frankfurt und hat sich der kreativen Arbeit mit Menschen mit einer geistigen Behinderung gewidmet. Daher teilt sie ihre Wortmalereien und verrückte Phantasiewelt hauptsächlich mit ihrem Mann als diese weiterhin zu verschriftlichen.

Wibke Pfannmöller

wurde 1984 in Hannover geboren.

Schon in früher Kindheit zeigte Wibke Interesse an Geschichten. Gerne erzählte sie frei heraus spannende Storys, die später auch verschriftlicht werden sollten.

Bis heute setzt sie ihre emotionalen Lebenserfahrungen kreativ um, indem sie Gedichte und Texte schreibt.

Das Schreiben ist nach wie vor ein treuer Begleiter in ihrem Leben.

Leana Müller

 wurde 1986 in Hamburg geboren. Als sie in ihrer Jugendzeit nach Krefeld umzog, begann sie, ihre Erlebnisse und Gedanken auf Papier festzuhalten. Oft half ihr das Schreiben beim Verarbeiten schwieriger Lebensumstände und wurde somit zu einem Ventil für Emotionen und Grübeleien. Das Schreiben entwickelte sich für sie zu einem treuen Begleiter.

Als junge erwachsene Frau und frisch gebackene Mutter suchte Leana mehr und mehr nach dem Sinn ihres Lebens und lebte diese Suche mit ihrer künstlerischen Seite in vielen lyrischen Texten und auch gemalten Bildern aus.

Die Gedichte haben sich mittlerweile zu einer Reihe angesammelt, die einen tiefen Einblick in ihre emotionale und geistige Entwicklung erlaubt.